NOUVEL ALPHABET FRANÇAIS

DIVISÉ PAR SYLLABES.

Nouvelle Édition, corrigée et rangée dans un meilleur ordre.

A NANCY

Chez Leseure, Imprimeur-Libraire de Monseigneur l'Evêque, rue de la Constitution, n.° 392.

───────

1808

LETTRES
COURANTES.

Caractères romains.

a b c d e f g h i j k
l m n o p q r ſ s t u
v x y z &.

Lettres Capitales & courantes.

† Aa Bb Cc Dd Ee Ff
Gg Hh Ii Jj Kk Ll Mm Nn

Oo Pp Qq Rr Ssſ Tt Uu
Vv Xx Yy Zz.

Alphabet tranſposé.

Ppqpdlhoyamgnſci
rfxevtsuzbpdqeck.
Lettres Capitales & courantes.

Caractères italiques.

† *Aa Bb Cc Dd Ee Ff Gg*
Hh Ii Jj Kk Ll Mm Nn
Oo Pp Qq Rr Ssſ Tt Uu
Vv Xx Yy Zz.

Lettres jointes.

ct, ct; &, et; ff, ff; fi, fi;
ffi, ffi; fl, fl; ffl, ffl; ff, ff;

fi, ſi; ffi, ſſi; ft, ſt; ph, f;
th, t; rh, r; œ, o e; æ, ae; ç, ſ.

COMBINAISONS
des Voyelles avec une Conſonne précédente pour la formaiſon des Syllabes.

Ba	be	bi	bo	bu.
Ca	ce	ci	co	cu
Da	de	di	do	du.
Fa	fe	fi	fo	fu.
Ga	ge	gi	go	gu.
Ha	he	hi	ho	hu.
Ja	je	ji	jo	ju.
La	le	li	lo	lu.
Ma	me	mi	mo	mu.

Na	ne	ni	no	nu.
Pa	pe	pi	po	pu.
Qua	que	qui	quo	quu.
Ra	re	ri	ro	ru.
Sa	ſe	ſi	ſo	ſu.
Ta	te	ti	to	tu.
Va	ve	vi	vo	vu.
Xa	xe	xi	xo	xu.
Za	ze	zi	zo	zu.

COMBINAISONS

d'une Voyelle précédée & ſuivie d'une Conſonne.

Bab	beb	bib	bob	bub.
Bac	bec	bic	boc	buc.
Bad	bed	bid	bod	bud.

COMBINAISONS

d'une Voyelle précédée de deux ou trois Consonnes.

Bla	ble	bli	blo	blu.
Bra	bre	bri	bro	bru.
Chra	chre	chri	chro	chru.
Cla	cle	cli	clo	clu.
Dra	dre	dri	dro	dru.
Fla	fle	fli	flo	flu.
Fra	fre	fri	fro	fru.
Gla	gle	gli	glo	glu.
Gna	gne	gni	gno	gnu.
Gra	gre	gri	gro	gru.
Gua	gue	gui	guo	guu.
Pla	ple	pli	plo	plu.

Pra	pre	pri	pro	pru.
Spa	ſpe	ſpi	ſpo	ſpu.
Sta	ſte	ſti	ſto	ſtu.
Tla	tle	tli	tlo	tlu.
Tra	tre	tri	tro	tru.
Vra	vre	vri	vro	vru.

COMBINAISONS

de diverſes Syllabes pour la formaiſon des mots.

Ai ail au ay ei eil eu euil la œil œu œuf oi ou ouil oy ya vin tren qua ein ſoi ſep als ers uſt foi ims ods ours joug cerf loir bœuf chat dain loup ſeul vrai yeux.

L'O-rai-ſon Do-mi-ni-ca-le.

NO-tre Pè-re qui ê-tes dans les Cieux, que vo-tre nom ſoit ſanc-ti-fi-é. Que vo-tre ré-gne ar-ri-ve. Que vo-tre vo-lon-té ſoit fai-te en la ter-re com-me au Ciel. Don-nez-nous au-jour-d'hui no-tre pain de cha-que jour. Et nous par-don-nez nos of-fen-ſes, com-me nous les par-don-nons à ceux qui nous ont of-fen-ſé. Et ne nous laiſ-ſez point ſuccom-ber à la ten-ta-tion. Mais dé-li-vrez-nous du mal.

Ain-si soit-il.

La Sa-lu-ta-tion An-gé-li-que.

JE vous sa-lue, Ma-rie, plei-ne de gra-ce, le Sei-gneur est a-vec vous, vous ê-tes bé-nie par des-sus tou-tes les Fem-mes, & Je-sus le fruit de vos en-trail-les est bé-ni.

Sain-te Ma-rie, Mè-re de Dieu, pri-ez pour nous, pau-vres pé-cheurs, main-te-nant & à l'heu-re de no-tre mort.

Ain-si soit-il

Le Sym-bo-le des A-pô-tres.

JE crois en Dieu le Pè-re Tout-Puiſ-ſant, Cré-a-teur du ciel & de la ter-re; Et en Je-ſus-Chriſt ſon fils u-ni-que No-tre Sei-gneur, qui a é-té con-çu du Saint Eſ-prit: qui eſt né de la Vier-ge Ma-rie; Qui a ſouf-fert ſous Pon-ce Pi-la-te, a é-té cru-ci-fi-é, eſt mort, a é-té en-ſe-ve-li; Eſt deſ-cen-du aux en-fers, eſt reſ-ſuſ-ci-té des morts le troi-ſiè-me jour; eſt mon-té aux cieux, eſt aſ-ſis à la droi-te de Dieu le Pè-re Tout-Puiſ-ſant ; d'ou il vien-dra ju-ger les vi-vans & les morts.

Je crois au Saint-Eſ-prit. La Sain-te E-gli-ſe Ca-tho-li-que. La Com-mu-ni-on des Saints. La ré-miſ-ſi-on des pé-chés. La ré-ſur-rec-ti-on de la chair. La vie é-ter nel-le. Ain-ſi ſoit-il.

La Con-feſ-ſi-on des pé-chés.

JE me con-feſ-ſe à Dieu Tout-Puiſ-ſant, à la Bien-heu-reu-ſe Ma-rie tou-jours Vier-ge, à Saint Mi-chel Ar-chan-ge, à Saint Jean Bap-tiſ-te, aux A-pô-tres Saint Pier-re & Saint Paul, à tous les Saints, par-ce que j'ai beau-coup pé-ché par pen-fées, par pa-ro-les & par ac-tions. J'ai pé-ché par ma fau-te, par ma fau-te, par ma très-gran-de fau-te. C'eſt pourquoi je ſup-pli-e la Bien-heu-reu-ſe Ma-rie tou-jours Vier-ge, Saint Jean-Bap-tiſ-te, les A-pô-tres Saint Pier-re & Saint Paul, & tous les Saints, de pri-er pour moi le Sei-gneur no-tre Dieu.

Bé-né-dic-ti-on a-vant le re-pas.

Ô Dieu ! qui nous don-nez les biens né-ceſ-ſai-res pour nour-rir no-tre corps, dai-gnez y ré-pan-dre vo-tre ſain-te bé-nédic-ti-on, & nous fai-re la gra-ce d'en u-ſer ſo-bre-ment.

† Au nom du Pè-re, & du Fils, & du Saint-Eſ-prit.

Ain-ſi ſoit-il.

Ac-ti-on de gra-ce a-près le re-pas.

SEi-gneur, nous vous ren-dons nos très-hum-bles ac-ti-ons de gra-ces, des biens que vous nous avez don-nés pour la nour-ri-tu-re de notre corps; qu'il vous plai-ſe de nour-rir auſ-ſi no-tre ame de vo-tre gra-ce, dans l'eſ-pé-ran-ce de la vie é-ter-nel-le. Par Je-ſus-Chriſt no-tre Sei-gneur.

Pri-è-re pour les Tré-paſ-ſés.

QUe les a-mes de nos Pa-rens, de nos a-mis, & de tous les fi-dè-les, qui ſont morts, re-po-ſent en paix par le mi-ſé-ri-cor-de de Dieu.

Les Com-man-de-mens de Dieu.

UN ſeul Dieu tu a-do-re-ras
    Et ai-me-ras par-fai-te-ment.

Dieu en vain tu ne ju-re-ras,
Ni au-tre cho-se pa-reil-le-ment
Les Di-man-ches tu gar-de-
ras,
En ſer-vant Dieu dé-vo-te-
ment.
Pè-re & Mè-re ho-no-re-ras,
A-fin que tu vi-ves lon-gue-
ment.
Ho-mi-ci-de tu ne ſeras,
De fait ni vo lon-tai-re-ment.
Lu-xu-ri eux point ne ſe-ras,
De corps ni de con-ſen-te-
ment.
Le bien d'au-trui tu ne pren-
dras,

Ni re-tien-dras à ton ef-ci-ent.
Faux té-moi-gna-ge ne diras,
Ni men-ti-ras au-cu-ne-ment.
L'œu-vre de chair ne de-fi-
re-ras,
Qu'en ma-ria-ge feu-le-ment.
Biens d'au-trui ne con-voi-
te-ras,
Pour les a-voir in-juf-te-ment.

Les Com-man-de-mens de l'E-gli-se.

LEs Fê-tes tu fanc-ti-fie-ras,
Qui te font de Comman-
de-ment.
Di-man-ches & Fê-tes Mef-
fe ou-ï-ras
En fer-vant Dieu dé-vo-te-
ment.

C

Qua-tre Temps, Vi-gi-les
jeû-ne ras,
Et le Ca-rê-me en-tiè-re-ment.
Tous tes pé-chés con-fef-
se-ras,
A tout le moins u-ne fois l'an.
Ton Cré-a-teur re-ce-vras,
Au moins à Pâ-ques hum-ble-
ment.
Ven-dre-di chair ne man-ge-
ras,
Ni le fa-me-di mê-me-ment.

*De-voir des En-fans en-vers leurs
Pè-res et Mè-res.*

1. **L**Es en-fans doi-vent ho-
norer leurs Pè-res &

Mè-res en tout â-ge & en tout é-tat.

2. Ils doi-vent leur o-bé-ir en tou-tes cho-ses où Dieu n'eſt point of-fen-ſé.

3. Ils doi-vent les ai-mer & les reſ-pec-ter, auſ-ſi bien dans les châ-ti-mens que dans les ca-reſ-ſes.

4. Ils doi-vent é-vi-ter a-vec grand ſoin de les at-triſ-ter, ou de les met-tre en co-lè-re.

5. Ils doi-vent les aſ-ſiſ-ter dans leur pau-vre-té, juſ-qu'à tout ven-dre pour ce-la.

6. Ils doi-vent a-près leur

mort, pri-er & fai-re pri-er Dieu pour le re-pos de leurs a-mes, & ex-é-cu-ter ponc-tu-el-le-ment leurs der-niè-res vo-lon-tés.

Saint Paul aux E-phé-si-ens. Chap. 9. ℣. 2.

Ho-no-rez vo-tre Pè-re & vo-tre Mè-re : c'eſt là le pre-mier Com-man-de-ment, au-quel Dieu a at-ta-ché une pro-meſ-ſe de ré-com-pen-ſe pour ceux qui l'ob-ſer-ve-ront, qui eſt qu'ils ſe-ront heu-reux, & vi-vront long-temps ſur la ter-re.

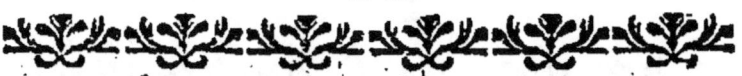

COURTES PRIERES
DURANT
LA MESSE.
A l'u-sa-ge des En-fans.

En en-trant dans l'E-gli-se.

QUe ce li-eu est ter-ri-ble & vé-né-ra-ble ! c'est i-ci la Mai-son de Dieu & la por-te du Ciel. Fai-tes, Sei-gneur, que je sois dans le res-pect, & que je trem-ble à la vue de vo-tre sanc-tu-ai-re.

En pre-nant de l'eau bé-ni-te.

Mon Dieu, ré-pan-dez en moi l'eau de vo-tre gra-ce, pour me pu-ri-fi-er de plus en plus ; a-fin que les a-do-ra-ti-ons que je viens vous pré-sen-ter vous soient a gré-ables.

A-vant que la Mes-se soit com-men-cée.

Je viens, ô mon Dieu ! pour as-sis-ter au saint Sa-cri-fi-ce, don-nez-moi vo-tre gra-ce, a-fin que j'y as-sis-te avec u-ne foi vi-ve, un a-mour ar-dent & u-ne hu-mi-li-té pro-fon-de.

Pen-dant que le Prê-tre est au bas de l'Au-tel.

J'ai pé-ché, mon Dieu, je ne suis pas di-gne de le-ver les yeux au Ciel, ni de re-gar-der vo-tre Au-tel pour vous a-do-rer; mais que tous les Saints vous prient pour moi. Je vous de-man-de gra-ce, ô mon Dieu Tout-Puis-sant : fai-tes-moi mi-sé-ri-cor-de, & m'ac-cor-dez le par-don de mes pé-chés, par Je-sus-Christ No-tre Sei-gneur.

Le Prê-tre é-tant mon-té à l'Au-tel.

Pè-re cé-lef-te qui ê-tes Dieu, ay-ez pi-tié de nous. Fils Ré-demp-teur du mon-de, qui ê-tes Dieu, ay-ez pi-tié de nous. Efprit-Saint, qui ê-tes Dieu, ay-ez pi-tié de nous.

Au Glo-ri-a in ex-cel-fis.

Je vous a-do-re, ô Pé-re Cé-lef-te ! vous êt-es le Sou-ve-rain Sei-gneur ; le Roi du Ciel, le Dieu Tout-Puif-fant. Je vous a-do-re auf-fi, ô mon Je-fus, mon Sau-veur : vous ê-tes le seul Saint, le seul Sei-gneur, le seul Très-Haut, a-vec le Saint-Es-prit en la gloi-re de Dieu le Pè-re.

Pen-dant les O-rai-sons.

Dieu Tout-Puis-sant, fai-tes-nous la gra-ce d'a-voir l'es-prit tel-le-ment rem-pli de sain-tes pen-sées que tou-tes nos pa-ro-les & nos ac-ti-ons ne ten-dent qu'à vous plai-re. Par Je-sus-Christ No-tre Sei-gneur.

A l'E-pî-tre.

Fai-tes-moi, mon Dieu, la gra-ce d'ai-mer vo-tre sain-te

pa-ro-le, d'en ap-pren-dre les vé-ri-tés, & d'en pra-ti quer les pré-cep-tes dès mon en-fan-ce.

A l'E-van-gi-le.

Sei-gneur, bé-nif-fez mon ef-prit, ma bou-che, mon cœur, de for-te que mes pen-fées, mes pa-ro-les & mes ac-ti-ons foient ré-glées par vo-tre E-van-gi-le, & que je fois tou-jours prêt à mar-cher dans la voie des faints Com-man-de-mens qu'il con-tient.

Au Cre-do.

Aug-men-tez ma foi, Sei-gneur, ren-dez-la a-gif-fan-te par la cha-ri-té, & fai-tes-moi la gra-ce de vous ê-tre fi-dè-le juf-qu'à la mort, a-fin que je re-çoi-ve la cou-ron-ne de vie.

A l'Of-fran-de.

O Dieu! qui di-tes dans vo-tre pa-role, *don-nez-moi vo-tre cœur;* je vous of-fre le mien en mê-me tems que le Prê-tre vous of-fre ce pain & ce vin: je vous of-fre auf-fi mon cœur: fai-tes que ce corps, & cet-te a-me foient u-ne hof-tie vi-van-te, fain-te & a-gré-a-ble à vos yeux.

Lorſ-que le Prê-tre la-ve ſes mains.

La-vez-moi, Sei-gneur, dans le ſang de l'A-gneau ſans ta-che, pour ef-fa-cer de mon corps & de mon a-me les moin-dres ta-ches du pé-ché.

A l'O-ra-te Fra-tres.

Que le Sei-gneur veuil-le re-ce-voir ce ſaint Sa-cri-fi-ce pour ſa gloi-re, pour mon ſa-lut, & pour l'u-ti-li-té de tou-te ſon E-gli-ſe.

A la Pré-fa-ce.

E-le-vez, Sei-gneur, mon cœur au Ciel, a-fin que je vous

y a-do-re a-vec les An-ges, en di-fant com-me eux, Saint, Saint, Saint, le Sei-gneur, le Dieu des ar-mées : les Cieux & la Ter-re font rem-plis de la ma-jef-té de vo-tre gloi-re.

A-près le Sanc-tus.

Mon Dieu, dé-fen-dez vo-tre E-gli-fe con-tre tous fes en-ne-mis vi-fi-bles & in-vi-fi-bles : con-dui-fez par vo-tre gra-ce no-tre Saint Pè-re le Pa-pe, no-tre E-vê-que & les au-tres Paf-teurs à qui vous a-vez con-fi-é le foin des a-mes : bé-nif-fez mes pa-rens,

mes bien-fai-teurs & mes a-
mis, par-ti-cu-lié-re-ment N.

Il faut i-ci pen-ſer aux per-ſon-
nes pour qui l'on eſt o-bli-gé
de pri-er.

A-vant la Con-ſé-cra-ti-on.

Nous vous pri-ons Sei-
gneur, que vo-tre juſ-te co-
lè-re é-tant ap-pai-ſée, vous
re-ce-viez fa-vo-ra-ble-ment
l'of-fran-de que nous al-lons
vous pré-ſen-ter : don-nez-
nous la paix pen-dant le reſ-te
de nos jours, & nous met-tez
au nom-bre de vos E-lus.

A l'É-lé-va-ti-on de l'Hos-tie.

C'est-là vo-tre Corps, ô mon Di-vin Sau-veur : je le crois, par-ce que vous l'a-vez dit ; j'a-do-re ce Corps sa-cré a-vec une hu-mi-li-té pro-fon-de, je l'of-fre à vo-tre Pè-re pour mon sa-lut.

A l'É-lé-va-ti-on du Ca-li-ce.

C'est-là vo-tre Sang, ô mon Dieu ! ce Sang a-do-ra-ble qui a été ré-pan-du pour la ré-mis-si-on de mes pé-chés ; que je sois aus-si tou-jours prêt de ré-pan-dre le mien pour vo-tre gloi-re.

A-près l'E-lé-va-ti-on.

Fai-tes-moi la gra-ce, ô mon Dieu! de me sou-ve-nir tou-jours de ce Corps sa-cré, qui est main-te-nant pré-sent sur l'Au-tel, a é-té li-vré à la mort, & que ce di-vin Sang, qui est dans le pré-ci-eux Ca-li-ce a é-té ré-pan-du pour mon sa-lut, a-fin que je vous ser-ve tou-te ma vie avec ar-deur: sou-ve-nez-vous auſ-ſi de cet-te mort, a-fin que vous me par-don-niez mes pé-chés a-vec mi-ſé-ri-cor-de.

Au Me-men-to *des Morts.*

Sou-ve-nez-vous, Sei-gneur, de vos fer-vi-teurs & de vos fer-van-tes qui font morts dans la Foi, & qui dor-ment du fom-meil de la paix & par-ti-cu-li-é-re-ment de N. (*Il faut ici penfer aux Morts pour qui l'on eſt obligé de prier*). Par-don-nez-leur, ô mon Dieu ! le ref-te de leurs pé-chés, & leur ac-cor-dez vo-tre faint Pa-ra-dis, a-fin qu'ils fe re-po-fent par-fai-te-ment de leur tra-vaux & de leurs pei-nes.

Au No-bis quo-que pec-ca-to-ri-bus.

Sei-gneur, a-yez pi-tié de moi, qui suis un mi-sé-ra-ble pé-cheur, & dai-gnez, non obs-tant mon in-di-gni-té, m'ac-cor-der le re-pos é-ter-nel a-vec tous vos Saints.

A la se-con-de E-lé-va-ti-on.

Re-ce-vez, ô mon Dieu! cet-te of-fran-de du Corps & du Sang de vo-tre Fils: ren-dez-moi par-ti-ci-pant des mé-ri-tes de sa mort, Pè-re cé-les-te, a-vec lui, par lui, & en lui, vous ap-par-tient tou-te la gloi-re & la lou-an-ge.

Au Pa-ter nof-ter.

Il faut dire: No-tre Pè-re qui ê-tes dans les Cieux, &c.

A-près le Pa-ter.

Dé-li-vrez-nous, Sei-gneur, par vo-tre bon-té, de tous les maux paf-fés, pré-sens & à ve-nir, & af-fif-tez-nous du fe-cours de vo-tre mi-fé-ri-cor-de, a-fin que nous ne foy-ons ja-mais ef-cla-ves du pé-ché.

*A l'*A-gnus De-i.

A-gneau de Dieu, qui ef-fa-cez les pé-chés du mon-de, a-yez pi-tié de nous.

A-gneau de Dieu, qui ef-fa-cez les pé-chés du mon-de, a-yez pi-tié de nous.

A-gneau de Dieu, qui ef-fa-cez les pé-chés du mon-de, donnez-nous la paix.

Au Do-mi-ne, non sum di-gnus.

Sei-gneur, je ne suis pas di-gne que vous en-triez dans mon cœur, mais vous pou-vez me dé-li-vrer de mon in-di-gni-té ; di-tes seu-le-ment u-ne pa-ro-le & mon a-me se-ra gué-rie.

O mon doux Je-sus! qui dé-si-rez si ar-dem-ment de vous u-nir à nous, je vous of-fre mon cœur pour vous y re-ce-voir com-me mon Dieu *Lorſ-que le Prê-tre com-mu-nie.*

Que vo-tre Corps, ô mon di-vin Ré-demp-teur, & vo-tre Sang pré-ci-eux pu-ri-fi-ent mon corps & mon a-me, qu'ils me for-ti-fi-ent & me nour-riſ-ſent ſur la ter-re, juſ-qu'à ce que je ſois raſ-ſa-ſié de vo-tre pré-ſen-ce dans le Ciel.

A-près la Com-mu-ni-on.
Mon Dieu, ne laiſ-ſez pas

ren-trer dans mon a-me le pé-ché que vous y a-vez dé-truit par le Bap-tê-me; que Je-sus-Christ mon Sau-veur vi-ve tou-jours en moi, et que je sen-te sa di-vi-ne pré-sen-ce, en fai-sant des ac-tions con-for-mes à cel-les qu'il a fai-tes, lors-qu'il é-toit sur la ter-re.

A la Bé-né-dic-ti-on.

Que Dieu Tout-puis-sant nous bé-nis-se, le Pè-re, le Fils et le Saint-Es-prit. Ainsi soit-il.

Au der-nier E-van-gi-le.

Je-sus, mon Sau-veur, vous ê-tes le Fils u-ni-que de Dieu;

vous êtes Dieu com-me le Pè-re et le Saint-Es-prit; ce-pen-dant pour nous sau-ver, vous ê-tes ve-nu au mon-de, vous a-vez souf-fert la mort, vous vous ren-dez pré-sent sur le saint Au-tel. O que vous nous ai-mez par-fai-te-ment ! Je veux aus-si vous ai-mer de tout mon cœur, & vous ser-vir tous les jours de ma vie.

Pri-è-re à la Sain-te Vier-ge, qu'on peut ré-ci-ter de-vant son I-ma-ge.

VIER-GE Sain-te, Mè-re de mon Sau-veur Jesus-

Christ, je me pros-ter-ne hum-ble-ment à vos pieds, dans les sen-ti-mens de la plus vi-ve con-fi-an-ce, pour vous fup-pli-er de jet-ter un re-gard fa-vo-ra-ble sur moi, pau-vre et in-fir-me, rem-pli de mi-sè-res spi-ri-tu-el-les qui m'ac-ca-blent, afin que par vo-tre in-ter-ces-si-on je puis-se ob-te-nir de mon Dieu les gra-ces qui me sont né-ces-sai-res pour vi-vre et mou-rir dans le saint a-mour.

Sain-te Ma-rie, Mè-re de Dieu, pri-ez pour nous, pau-

vres pé-cheurs, main-te-nant
& à l'heu-re de no-tre mort.
Ainsi soit-il.

CANTIQUE

Et invocation à la Très-Sainte Vierge.

Sur l'Air: *Pour aller à la chasse, etc.*

JE mets ma confiance,
Vierge, en votre secours,
Servez-moi de défense,
Prenez soin de mes jours;
Et quand ma derniere heure
Viendra fixer mon sort,
Qu'en votre Nom je meure,
De la plus sainte mort.

PRIERE
A son Ange Gardien.

MOn Saint Ange Gardien à qui Dieu par une bonté particuliere a confié le soin de mon salut, éclairez mon esprit pour connoître le bien que je dois faire; animez mon cœur pour le pratiquer; fortifiez-moi dans mes foiblesses; soutenez-moi, dans mes tentations; défendez-moi contre les ennemis de mon salut, et me conduisez dans le chemin du Ciel. Ainsi soit-il.

Instructions sur la Lecture.

L'Art de bien lire est un talent qui n'est pas à négliger; le plus beau discours mal lu, perd toute sa force & son agrément; & il est surprenant qu'il y ait si peu de personnes qui sachent bien lire.

Trois choses sont nécessaires pour se faire entendre.

Premièrement, reprendre haleine à chaque virgule, & faire une pause à chaque point. Secondement, prononcer chaque mot distinctement.

Troisiémement, lire les mots où le sens demande qu'ils soient mis.

On viendra à bout de la première, lorsqu'on travaillera à éviter la précipitation en lisant.

Les deux autres demandent encore quelques remarques.

Ce qui rend difficile la prononciation distincte de chaque mot dans la Langue Francoise, est la variété des sons qu'on donne à chaque lettre; & la variété des lettres avec lesquelles nous écrivons quelquefois les mêmes sons.

Pour comprendre plus facilement cette explication, il faut savoir qu'il y a six voyelles, *a*, *e*, *i*, *o*, *u*, *y*, dix-neuf confonnes, *b*, *c*, *d*, *f*, *g*, *h*, *j*, *k*, *l*, *m*, *n*, *p*, *q*, *r*, *ſ*, *t*, *v*, *x*, *z*. Les voyelles font les lettres qui ont d'elles-mêmes un fon déterminé: les confonnes font celles dont le fon n'eſt déterminé que par les voyelles. Il faut connoître qu'il y a de trois fortes d'*e*; favoir: l'*é* mafculin ou fermé, qui eſt marqué d'un accent aigu; l'*é* féminin ou muet, qui n'a point d'accent, & l'*é* ouvert, qui est marqué d'un accent circonflexe; comme par exemple, dans ce mot *Théotême*, le premier est l'*é* masculin, le deuxieme est l'*é* ouvert, & le troisieme est l'*e* féminin. On peut s'assurer que lorsqu'on possédera bien l'explication de ces trois sortes d'*e* & de toutes les autres lettres de ce recueil, avec leur son différent, on lira sans doute beaucoup plus distinctement.

Pour se bien faire entendre en lisant, il ne suffit pas de

cōnnoître le son de chaque lettre, il faut encore bien articuler les syllabes & les mots.

Enfin ce qui donne le plus de grace à la lecture, est la liaison, quand elle est faite à propos; au contraire, rien ne la rend plus désagréable à l'oreille que les fausses liaisons; sur quoi il faut remarquer, premiérement, qu'il ne faut point lier les mots qui sont séparés par quelque point ou deux points. Secondement, qu'en français les lettres *d*, *p*, *r*, *s*, *t*, *x*, *z*, sont muettes à la fin d'un mot, à moins que le suivant ne commence par une voyelle ; car alors, il faut lier les deux mots ensemble, en faisant sonner la consonne sur la lettre voyelle. Troisiémement, que pour faire une liaison, il ne faut pas faire entendre à la fin d'un mot un ʒ ou un t qui ne s'y trouve pas, ni faire sonner une consonne lorsque la premiere lettre du mot suivant n'est pas une voyelle.

FIN

www.ingramcontent.com/pod-product-compliance
Lightning Source LLC
LaVergne TN
LVHW021706080426
835510LV00011B/1624